L'ART
DE
GRAVER AU PINCEAU;
Nouvelle Méthode,

Plus prompte qu'aucune de celles qui sont en usage, qu'on peut exécuter facilement, sans avoir l'habitude du burin ni de la pointe ;

Mise au jour par M. STAPART.

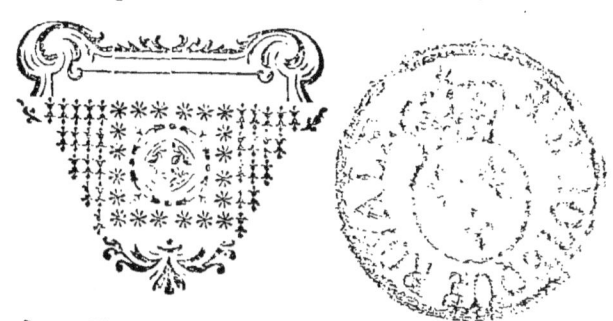

A PARIS,

Chez { L'AUTEUR, rue S. Severin, vis-à-vis la rue Zacharie, maison de l'Orfèvre.
AUMONT, Libraire, Place des quatre Nations, à Ste. Monique.

M. DCC. LXXIII.
AVEC APPROBATION ET PERMISSION.

AVERTISSEMENT.

LA manière de graver que j'annonce, n'eſt due qu'à mes recherches, dirigées du côté des Arts, que j'ai toujours aimés. Je ne donne le ſecret de perſonne. C'eſt mon propre bien dont je diſpoſe en faveur des Artiſtes & Amateurs; la foibleſſe de ma vue ne me permettant pas d'en faire uſage, je me fais un ſcrupule de laiſſer éteindre avec moi une découverte qui deviendra utile. Non ſeulement les Graveurs trouveront de

AVERTISSEMENT.

quoi les intéresser, mais même les Peintres & les Dessinateurs auront cet avantage, que sans avoir l'usage du burin, ils pourront, avec supériorité, exercer ce genre de gravure, qu'ils trouveront facile dans son exécution, & si prompt, qu'ils pourront graver avec moins de tems qu'on n'en emploie à faire le dessein ; je dis plus, ceux qui ont le don de la composition pourront dessiner & finir leur sujet sur la planche, comme sur le papier, sur-tout après s'être un peu familiarisés à cette méthode, qui embrasse tous les genres, figures, ma-

AVERTISSEMENT. 5
rine, payſages, hiſtoire naturelle, même le portrait, ſuivant le goût & le talent de l'Artiſte.

Les Auteurs qui donneront des Traités d'Architecture ou de Fortifications ; ceux qui traiteront de la Géométrie, Perſpective, Planimetrie, &c. n'auront rien de plus convenable pour multiplier leurs deſſeins, qu'ils pourront graver eux-mêmes, ou qu'ils pourront faire exécuter plus promptement, en diminuant conſidérablement les frais de l'impreſſion. On pourra, par les moyens que j'indique, rendre par gradation, depuis la plus légère demi teinte, jusqu'à la plus foncée; il sera possible de les fondre & noyer imperceptiblement les unes dans les autres, s'il est nécessaire.

Je distingue deux opérations. Par la première, on pourra imiter un dessein lavé, d'un bon Maître : en y réunissant le seconde, on pourra copier exactement un tableau ; cette découverte, entre les mains d'un habile Artiste, deviendra d'autant plus utile, qu'elle sera plus agréable & plus prompte que la gravure à la pointe.

Pour ne pas interrompre

AVERTISSEMENT.

ma narration, j'ai renvoyé à la fin, la composition des vernis, mordans & eaux-fortes, &c. J'ai ajouté à la suite de chaque opération, des observations & des notes que j'ai cru absolument nécessaires. Le premier morceau fait, mettra l'Artiste en état de varier l'ordre que j'ai donné, suivant la différence des sujets qu'il exécutera ensuite : sans autre secours on pourra mettre la main à l'œuvre.

Si ce petit Ouvrage est accueilli, je ne tarderai pas à en faire paroître un plus considérable, qui contiendra sur les Arts qui ont rapport au deſſein, beaucoup d'autres découvertes inconnues juſqu'à préſent.

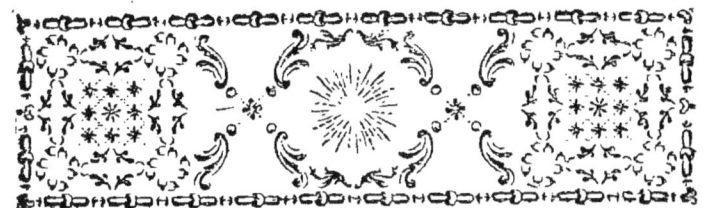

L'ART
DE GRAVER AU PINCEAU.

MANIERE DE GRAVER

A l'imitation du lavis.

SI je n'écrivois que pour les Graveurs, je débuterois par le détail du genre que j'annonce. Mais comme il suffit de posséder le deſſein (ſans avoir fait uſage du burin ni de la pointe) pour l'exercer, je me crois obligé de tranſcrire les préceptes préliminaires des Auteurs qui ont écrit ſur cet Art : c'eſt dans ces ſources que j'ai puiſé pour m'inſtruire d'un Art que je ne connoiſſois pas ; mais je ne rapporterai de

A v

ces Auteurs que ce qui sera nécessaire à mes opérations.

Choix du cuivre.

Jusqu'à présent on a donné la préférence au cuivre rouge; on convient cependant de ses défauts; je ne parlerai que de ceux qui sont relatifs à l'effet de l'eau-forte.

Les petits trous qui se trouvent souvent sur le cuivre, quoiqu'imperceptibles, ne peuvent faire qu'un très-mauvais effet, quelque bien qu'ils puissent être recouverts par le brunissoir: l'eau-forte qui ne doit agir, suivant mon procédé, qu'en formant de pareils petits trous, se rencontrant au-dessus, s'y forme bientôt un passage qui nuit à l'égalité, & fait un effet désagréable, sur-tout sur une demi-teinte.

Mais le cuivre aigre dans des parties, & mou dans d'autres, est encore plus mauvais : l'eau-forte mange durement les parties aigres, & ne travaille que foiblement dans les endroits mous, ce qui forme une irrégularité; les Graveurs à la pointe s'en plaignent également.

C'est pourquoi je suis surpris qu'on n'ait pas cherché à y remédier; j'ai cru devoir l'entreprendre, & je me flatte, après plusieurs expériences, d'y avoir réussi: la peine & les frais seront plus considérables; mais la beauté & la facilité de l'exécution en dédommageront.

Pour cet effet.

Sur deux parties de beau cuivre de rosette, il faut une partie de bon léton, tel que celui dont les Horlogers se servent pour faire des roues de rencontre. On fait fondre dans un creuset, chez un Fondeur, premièrement le cuivre; lorsqu'il est en fusion, on y jette le léton, on couvre la superficie avec une bonne poignée de cendre gravelée ou de soude, pour garantir le zinc qui entre dans la compofition du léton; il fe brûleroit facilement fans cette précaution. Par ce moyen vous pouvez attendre une fufion complette; dans cet état, faites couler la matière en forme de planche de cinq à fix lignes, épaiffeur qu'elle doit avoir avant d'être planée. Evitez le laminoir autant que vous pourrez, à moins que vous ne vous en ferviez que lorfque la planche approchera par-tout de l'épaiffeur convenable, autrement elle y fouffriroit inégalement une preffion qui pourroit renouveller une partie des défauts dont on veut fe garantir (*a*) : en préférant le marteau, faites-la étendre le plus uniment qu'il fera poffible, en recommandant, dans le commencement de l'ouvrage, de la faire recuire de tems en tems, de

---

(*a*) Les Graveurs au burin auroient plus de fatisfaction du cuivre ordinaire, dont ils fe fervent, s'il n'avoit pas été laminé.

crainte qu'elle ne crève. Si cela arrivoit, ce ne seroit que sur les bords. Il faudroit la faire couper net à cet endroit, autrement elle gagneroit, & on seroit obligé de la faire refondre : mais avec un peu d'attention on évite cet accident ; car ce cuivre est très-ductile : quand la planche approche par-tout de l'épaisseur convenable, on ne doit plus la remettre au feu, étant nécessaire qu'elle soit bien écrouie : cette composition est beaucoup plus égale que celle du cuivre ordinaire, qui n'a pas été purifié exactement : le cuivre de rosette, au contraire, est dans toute sa pureté : le *zinc* ou la *calamine* qui entre pour un tiers dans la composition du léton, facilite la fusion, qu'il rend plus complette, & son mélange le rend moins gras ; il est vrai que l'eau-forte a plus d'action sur lui, mais également sur toutes ses parties, ainsi on en est quitte pour l'affoiblir. Le travail n'en est que plus beau. On doit dresser & couper net sa planche avec l'équerre, avant de l'user & de la brunir, comme il sera dit.

Cette manière de graver peut cependant être exécutée sur une planche de cuivre ordinaire, surtout pour la première opération; à l'égard de la seconde, on ne pourra réussir parfaitement sans avoir recours à cette composition, c'est pourquoi je me trouve dans la nécessité de transcrire ici la manière de préparer sa planche, comme je l'ai trouvée dans l'Encyclopédie (Tome VII, au mot *Gravure*); je le crois d'autant plus à propos, que ce livre n'est point à la portée de tout le monde; la réputation de l'Auteur m'y autorise; son zèle pour le progrès des Arts m'assure son approbation; animé de la même passion, avec des talens bien inférieurs, je m'appuie de ses lumières à l'avantage du Lecteur.

« Le cuivre, dit-il, page 877,
» dont on se sert pour la gravure à
» l'eau-forte, est le cuivre rouge. Le
» choix que l'on fait de cette espèce
» de cuivre est fondé sur ce que le
» cuivre jaune est communément
» aigre; que sa substance n'est pas
» égale; qu'il s'y trouve des pailles,
» & que ces défauts sont des obsta-
» cles qui s'opposent à la beauté des
» ouvrages auxquels on le destine-
» roit. Le cuivre rouge même n'est
» pas totalement à l'abri de ces dé-
» fauts; il en est dont la substance
» est aigre, & les traits qu'on y gra-
» ve se ressentent de cette qualité;
» ils sont maigres & rudes : il s'en
» trouve dont la substance appro-
» che (quant à cette qualité) de
» celle du plomb; les ouvrages que
» l'on y grave n'ont pas la netteté
» qu'on voudroit leur donner. L'eau-
» forte ne l'entame qu'avec peine,
» elle ne creuse pas, & trompe
» l'attente du Graveur. Quelquefois

» on rencontre dans une même
» planche de cuivre ces qualités
» oppofées : enfin, on y trouve des
» petits trous imperceptibles, ou
» des taches défagréables.

» Le cuivre rouge qui a les qua-
» lités les plus propres à la gravure,
» doit donc être plein, ferme,
» liant, &c. La façon de connoître
» s'il eſt exempt des défauts con-
» traires, c'eſt d'y former quelques
» traits avec le burin, en différens
» fens, alors, s'il eſt aigre, le bruit
» que fera le burin en le coupant, &
» le fentiment de la main, vous l'in-
» diqueront ; s'il eſt mou, ce même
» fentiment vous rappellera l'idée
» du plomb ; vous le découvrirez
» ainfi. Lorfqu'on a fait choix d'un
» cuivre propre à graver, on doit
» mettre fes foins à ce qu'il reçoive
» la préparation qui lui eſt néceſſaire
» pour l'ufage auquel on le deſtine.
» Les Chauderonniers l'applaniſſent,
» le coupent, le poliſſent ; mais il eſt

» à propos que les Graveurs con-
» noiffent eux-mêmes ces prépara-
» tions, parce qu'il pourroit fe trou-
» ver que voulant faire ufage de
» leur Art dans un pays où il feroit
» inconnu, ils ne trouveroient pas
» les ouvriers en cuivre inftruits des
» moyens qu'il faut employer.

» Une planche de cuivre de la
» grandeur d'environ un pied fur
» neuf pouces, doit avoir à-peu-près
» une ligne d'épaiffeur, & cette
» proportion peut régler pour d'au-
» tres dimenfions. La planche doit
» être bien forgée & bien applanie
» à froid ; c'eft par ce moyen que le
» cuivre devient plus ferré & moins
» poreux.

» Il s'agit, après ce premier foin,
» de la polir ; on choifit celui des
» deux côtés de la planche qui pa-
» roît être plus uni & moins rempli
» de gerfures & de pailles ; on atta-
» che la planche par le côté contraire
» fur un ais, de manière qu'elle y

» soit retenue par quelque pointe
» ou clou; alors on commence à
» frotter le côté apparent avec un
» morceau de grès (a), en arrosant
» la planche avec de l'eau com-
» mune. On la polit ainsi le plus
» également qu'il sera possible, en
» passant le grès fortement dans
» tous les sens, & continuant de
» mouiller le cuivre & le grès, jus-
» qu'à ce que cette première opé-
» ration ait fait disparoître les mar-
» ques des coups de marteau qu'on
» a imprimés sur la planche en la
» forgeant. Lorsque ces marques
» ont disparu, ainsi que les pailles,
» les gersures & les autres inégalités
» qui pourroient s'y rencontrer, on
» substitue au grès la pierre-ponce
» bien choisie: on s'en sert en frot-
» tant le cuivre, comme on a déjà
» fait, en tous sens, & en l'arrosant

(a) Si c'est une planche de la composition dont j'ai parlé, bien planée & d'égale épaisseur, on peut se dispenser de commencer par le grès, en cas qu'il ne s'y trouve ni paille ni gersure.

» d'eau commune : l'on efface ainsi
» les raies que le grain trop inégal
» du grès a laissées sur la planche ;
» après quoi on se sert, pour donner
» un poli plus fin, d'une pierre-
» ponce à aiguiser, qui pour l'ordi-
» naire est de couleur d'ardoise,
» quoiqu'il s'en trouve quelquefois
» de couleur d'olive & de rouge.
» Enfin le charbon & le brunissoir
» achèvent de faire disparoître de
» dessus la planche les plus petites
» inégalités.

» Voici comme il faut s'y prendre
» pour préparer le charbon qu'on
» doit employer. Vous choisirez des
» charbons de bois de saule, qui
» soient assez gros & pleins, qui
» n'aient point de fentes ni de ger-
» sures, & tels que ceux dont com-
» munément les Orfévres se servent
» pour souder. Vous ratisserez l'é-
» corce de ces charbons ; vous les
» rangerez ensemble dans le feu ;
» vous les couvrirez ensuite d'autres

» charbons allumés, & de quantité
» de cendres rouges, de sorte qu'ils
» puissent demeurer sans communi-
» cation avec l'air pendant environ
» une heure & demie, & que le feu
» les ayant entièrement pénétrés, il
» n'y reste aucune vapeur: lorsque
» vous jugerez qu'ils seront en cet
» état, vous les plongerez dans l'eau
» & les laisserez refroidir.

» Vous frotterez la planche, qui
» a déjà été unie par le grès, la pierre-
» ponce, la pierre à aiguiser, avec
» un charbon préparé comme je
» viens de dire, en arrosant d'eau
» commune & le cuivre & le char-
» bon, jusqu'à ce que vous ayez fait
» disparoître ainsi les marques que
» peuvent avoir laissé les pierres
» différentes dont j'ai indiqué l'usage.
» Il faut remarquer que quelquefois
» il arrive qu'un charbon glisse sur
» le cuivre sans le mordre, & par
» conséquent sans le polir; il faut
» alors en choisir un autre qui soit

» plus propre à cette opération, &
» la répéter avec patience jusqu'à ce
» que le cuivre soit exempt des
» moindres raies & des plus petites
» inégalités apparentes. La der-
» nière préparation qu'il peut rece-
» voir ou de la main de l'ouvrier
» en cuivre, ou de celle de l'Ar-
» tiste, c'est d'être bruni. On se sert
» pour cela d'un instrument qu'on
» nomme *brunissoir* : cet instrument
» est d'acier ; l'endroit par où l'on
» s'en sert pour donner le lustre à
» une planche, est extrêmement
» poli ; il a à-peu-près la forme d'un
» cœur ; son épaisseur est de quelques
» lignes ; il se termine en pointe, &
» l'usage qu'on en fait après avoir
» répandu quelques gouttes d'huile
» sur le cuivre, est de le passer dia-
» gonalement sur toute la planche,
» en appuyant un peu fortement la
» main, ce qui s'appelle brunir.
» C'est ainsi qu'on parvient à don-
» ner à la planche de cuivre un poli

» pareil à celui d'une glace de r
» roir, & qu'on fait disparoître l
» plus petites inégalités.

» Lorsqu'on a mis en usage c
» différens moyens, si l'on veut êt
» assuré qu'on a réussi, il faut livr
» la planche à un Imprimeur e
» taille-douce, qui après l'avoir fro
» tée de noir & essuyée, comme o
» a coutume de faire lorsque la plar
» che est gravée, la fera passer sou
» la presse avec une feuille de pa
» pier blanc; les inégalités les moir
» sensibles, s'il en reste quelque
» unes, s'imprimeront sur le papier
» & vous serez en état d'ôter à l
» planche les moindres défaut
» qu'elle pourroit avoir ».

Si cette précaution est nécessair
pour la gravure à la pointe, elle e
indispensable pour celle que nou
allons décrire.

« La planche ayant été forgée
» polie & lustrée, comme il est di
» ci-dessus, il faut encore prendr
» soin d'ôter de sa surface la moindr

au pinceau.

» impreſſion graſſe qui pourroit s'y
» rencontrer, &c. »

Il faut la couvrir de blanc d'Eſ-
pagne en poudre mouillée, la faire
ſécher au ſoleil ou devant le feu, &
l'eſſuyer avec un linge blanc & ſec,
juſqu'à ce qu'il n'y reſte plus rien :
on ne doit enſuite manier ſa planche
qu'avec précaution. J'avertis que
toutes les fois qu'on changera de
vernis, on ne peut ſe diſpenſer de
recourir au blanc avant de l'étendre,
autrement le gras retarderoit ou en-
pêcheroit l'action de l'eau-forte ;
cette obſervation m'a paru néceſſaire ici, parce que ſuivant la méthode que je donne, on peut vernir
la même planche juſqu'à trois fois :
la première fois avec le vernis mou
des Graveurs; les autres fois avec le
vernis clair, dont je parlerai : je
tranſcris encore l'article où j'ai trouvé la compoſition dont j'ai fait uſage, avec la manière de l'employer.
Voyez l'*Encyclopédie*, page 879,
au mot *Gravure*.

Vernis des Graveurs.

« Faites fondre dans un vase neuf de terre vernie, deux onces de cire vierge, demi-once de poix noire, & demi-once de poix de Bourgogne, il faut y ajouter peu-à-peu deux onces de spalt que l'on aura réduit en poudre très-fine; laissez cuire le tout jusqu'à ce qu'en ayant fait tomber une goutte sur une assiette, cette goutte étant bien refroidie, puisse se rompre en la pliant trois ou quatre fois entre les doigts; alors le vernis est assez cuit, il faut le retirer du feu, le laisser refroidir un peu, puis le verser dans de l'eau tiede, afin de pouvoir le manier facilement & en faire de petites boules que l'on enveloppera dans du taffetas neuf pour s'en servir.

» Il faut prendre un taffetas de couleur, pour le distinguer d'un autre vernis clair, dont je don-
» nerai

» nerai à la fin la composition : on
» enveloppe ce dernier d'un taffe-
» tas blanc.

Observations qui serviront dans les différens procédés qu'on emploiera pour la composition du vernis.

« 1°. Il faut prendre garde que le
» feu ne soit pas trop violent, de
» crainte que les ingrédiens dont on
» se sert ne brûlent.

» 2°. Pendant qu'on emploie le
» spalt, & même après l'avoir em-
» ployé, il faut remuer le mêlange
» continuellement avec une spatule
» ou un petit morceau de bois.

» 3°. L'eau dans laquelle on ver-
» sera la composition, doit être à
» peu près du même degré de cha-
» leur que les drogues qu'on y verse.

» Il faut faire ensorte que le ver-
» nis soit plus dur pour s'en servir
» en Eté que pour l'employer en
» Hiver. On parviendra à le rendre
» plus ferme en lui donnant un plus

B

» grand degré de cuisson, ou en
» mettant une plus forte dose de
» spalt, ou un peu de poix résine.
» J'ai dit à la fin de la préparation
» que je viens de donner, que lors-
» que le vernis est assez cuit, il faut
» le retirer du feu, le laisser réfroidir
» un peu, puis le verser dans de
» l'eau tiède, afin de pouvoir le ma-
» nier facilement, & en faire de
» petites boules que l'on envelop-
» pera dans du taffetas pour s'en
» servir. Vous tiendrez, au moyen
» d'un petit étau à main, votre plan-
» che sur un réchaud, dans lequel il
» y aura un feu médiocre; vous lui
» donnerez une chaleur modérée,
» & passant alors le morceau de
» taffetas, dans lequel est enfermée
» la boule de vernis que vous avez
» pétrie sur la planche en divers
» sens, la chaleur fera fondre dou-
» cement le vernis, qui se faisant
» jour au travers du taffetas, se ré-
» pandra légèrement sur la surface

» du cuivre. Lorsque vous croirez
» qu'il y en a suffisamment, vous
» vous servirez d'un tampon fait
» avec du cotton, enfermé dans du
» taffetas, & frappant doucement
» dans toute l'étendue de la plan-
» che, vous porterez par ce moyen
» le vernis dans les endroits où il
» n'y en aura pas, & vous ôterez ce
» qu'il y en a de trop dans les en-
» droits où il sera trop abondant; il
» faut avoir une grande attention
» qu'il n'y ait pas trop de vernis sur
» les planches, & qu'il y soit éga-
» lement répandu : le travail de la
» pointe en devient plus fin & plus
» facile.

» Pour cela, vous retirerez à pro-
» pos votre planche de dessus le feu
» (tandis que vous vous servirez du
» tampon), & l'y remettrez s'il est
» nécessaire, parce que si le ver-
» nis devient trop chaud, il brûle &
» se calcine dans les endroits où il
» est atteint d'une chaleur trop vive;

» si au contraire il est trop peu
» chaud, le tampon que vous ap-
» puyez légèrement, l'enlève &
» laisse des parties de la planche à
» découvert.

» Lorsque cette opération est
» faite, vous remettez un instant
» votre planche sur le réchaud, &
» lorsque le vernis a pris une chaleur
» égale, qui le rend luisant par-tout,
» vous noircissez votre planche à la
» fumée de plusieurs mêches de
» bougies jaunes réunies, après quoi
» vous laissez bien refroidir la plan-
» che, dans un endroit qui soit à l'abri
» de la poussière, pour vous en servir
» comme je vais le dire.

» Voici donc la planche qu'on
» destine à la gravure, forgée, po-
» lie, vernie & noircie, ensorte
» qu'elle ne semble plus un morceau
» de cuivre, mais une surface noire
» & unie, sur laquelle il s'agit de
» tracer le dessein qu'on veut graver.

» La façon la plus ordinaire de

» transmettre sur ce vernis les traits
» du dessein qu'on doit graver, est
» de frotter ce dessein par derrière
» avec de la sanguine mise en pou-
» dre très-fine, ou de la mine de
» plomb. Lorsqu'on a ainsi rougi ou
» noirci l'envers du dessein, de ma-
» nière cependant qu'il n'y ait pas
» trop de cette poudre dont on s'est
» servi, on l'applique sur le vernis
» par le côté qui est rouge ou noir;
» on l'y maintient avec un peu de
» cire qu'on met aux quatre coins
» du dessein, ensuite on passe avec
» une pointe d'argent ou d'acier,
» qui ne soit pas coupante, quoi-
» que fine, sur tous les traits qu'on
» veut transmettre, & ils se dessinent
» ainsi sur le vernis, après quoi on
» ôte le dessein ; & pour empêcher
» que ces traits légers, qu'on a tracés
» en calquant, ne s'effacent lors-
» qu'on appuie la main sur le vernis
» en gravant, on expose la planche
» un instant sur un feu presqu'éteint,

» ou sur du papier enflammé, & on
» la retire dès qu'on s'apperçoit que
» le vernis, rendu un peu humide,
» a pu imbiber le trait du calque.

» Cette façon de calquer, la plus
» commune & la plus facile, a un
» inconvénient ; les objets dessinés
» ainsi sur la planche & gravés, se
» trouveront dans les estampes qu'on
» imprimera, placés d'un façon
» contraire à celle dont ils étoient
» disposés dans le dessein: il paroî-
» tra par conséquent dans les estam-
» pes que les figures feront de la
» main gauche les actions qu'elles
» sembloient faire de la main droite
» dans le dessein qu'on a calqué, &
» quel que soit cet inconvénient, il
» est si désagréable ou si nuisible à
» l'usage qu'on attend de la gravure,
» qu'il faut absolument le surmon-
» ter : voici les différens moyens
» qu'on a pour cela ; 1°. si le dessein
» original est fait avec la sanguine
» ou la mine de plomb, il faut au

» moyen de la presse à imprimer les
» estampes, en tirer une contre-
» épreuve, c'est-à-dire transmettre
» un trait ou une empreinte de l'o-
» riginal sur un papier blanc, en fai-
» sant passer le dessein & le papier
» qu'on a posé dessus, sous la presse,
» alors on a une représentation du
» dessein original dans un sens con-
» traire. En faisant ensuite à l'égard
» de cette contre-épreuve ce que
» j'ai prescrit tout-à-l'heure pour le
» dessein même, c'est-à-dire en cal-
» quant la contre-épreuve sur la
» planche, les épreuves qu'on tirera
» de cette planche, lorsqu'elle sera
» gravée, offriront les objets placés
» du même sens qu'ils le sont sur
» l'original.

» Si le dessein n'est pas fait à la
» sanguine ou à la mine de plomb,
» & qu'il soit lavé, dessiné à l'encre
» ou peint, il faut user d'un autre
» moyen que voici : prenez du pa-
» pier fin vernis avec l'esprit de

„ thérébentine, ou le vernis de Ve-
„ nife, qui fert à vernir les tableaux:
„ appliquez ce papier, qui doit être
„ fec, & qui eſt ordinairement
„ tranfparent, fur le deſſein ou fur
„ le tableau. Deſſinez alors les objets
„ que vous voyez au travers avec le
„ crayon ou l'encre de la Chine ;
„ enfuite ôtant votre papier de
„ deſſus l'original, retournez-le; les
„ traits que vous aurez formés &
„ que vous verrez au travers, y pa-
„ roîtront diſpoſés d'une façon con-
„ traire à ce qu'ils font dans l'origi-
„ nal; appliquez fur la planche le
„ côté du papier fur lequel vous avez
„ deſſiné ; mettez entre ce papier
„ vernis & la planche, une feuille
„ de papier blanc, dont le côté qui
„ touche à la planche ſoit frotté de
„ fanguine ou de mine de plomb;
„ aſſurez vos deux papiers avec de
„ la cire, pour qu'ils ne varient pas,
„ & calquez avec la pointe, en ap-
„ puyant un peu plus que vous ne

„ feriez s'il n'y avoit qu'un seul pa-
„ pier sur la planche ; vous aurez un
„ calque tel qu'il faut qu'il soit pour
„ que l'estampe rende les objets dis-
„ posés comme ils le sont sur le des-
„ sein. Je dois ajouter ici que pour
„ vous conduire dans l'exécution de
„ la planche, il vous faudra consul-
„ ter la contre-épreuve, ou le des-
„ sein que vous aurez fait ; que si
„ vous voulez, pour une plus grande
„ exactitude, vous servir du dessein
„ ou du tableau original, il faut le
„ placer de manière que se réflé-
„ chissant dans un miroir, le miroir
„ qui devient votre guide, vous
„ présente les objets du sens dont ils
„ sont tracés sur votre planche.

„ La planche étant préparée au
„ point qu'il ne s'agit plus que de
„ graver, il est bon de donner une
„ idée générale de l'opération à la-
„ quelle on veut parvenir en gra-
„ vant à l'eau-forte ; ensuite nous
„ dirons de quels instrumens on se
„ sert.

B v

,, Le vernis dont on vient d'en-
,, duire la planche est de telle nature
,, que si vous versez de l'eau-forte
,, dessus, elle ne produira aucun
,, effet ; mais si vous découvrez le
,, cuivre en quelques endroits, en
,, enlevant ce vernis, l'eau-forte
,, s'introduisant par ce moyen, rou-
,, gira le cuivre dans cet endroit, le
,, creusera & ne cessera de le dissou-
,, dre, que lorsque vous l'en ôterez,
,, ou qu'elle aura perdu & consumé
,, sa qualité corrosive ; il s'agit donc
,, de ne découvrir le cuivre que dans
,, les endroits que l'on a dessein de
,, creuser, & de livrer ces endroits
,, à l'effet de l'eau-forte, en ne la
,, laissant opérer qu'autant de tems
,, qu'il en faut pour creuser, suivant
,, votre intention, les endroits dont
,, vous aurez ôté le vernis ; vous
,, vous servirez pour cela d'outils
,, qu'on nomme pointes & échopes.

,, La façon de faire des pointes
,, la plus facile, est de choisir des

„ aiguilles à coudre de différentes
„ grosseurs, d'en armer de petits
„ manches de bois, de la grandeur
„ d'environ cinq à six pouces, &
„ de les aiguiser au besoin & à son
„ gré, pour les rendre plus ou moins
„ fines, suivant l'usage qu'on en
„ veut faire ; on peut mettre à ces
„ outils le degré de propreté qu'on
„ juge à propos; on peut se servir
„ de morceaux de burins, qui étant
„ d'un très-bon acier, sont très-pro-
„ pres à faire des pointes, & quant
„ à la manière de les monter, c'est
„ ordinairement une virole de cui-
„ vre qui les unit au bois, au moyen
„ d'un peu de mastic ou de cire
„ d'Espagne.

„ J'ai éprouvé que des morceaux
„ de burins arrondis & enfoncés pro-
„ fondement dans un manche de
„ bois assez gros pour faire l'effet
„ d'un porte-crayon de cuivre, for-
„ moient de très-bonnes pointes ;
„ la profondeur dont elles sont

„ enfoncées, supplée à la virole,
„ & fait que lorsque vous voulez
„ entamer le cuivre & appuyer
„ quelque touches, elles se prêtent
„ à la force que vous y mettez sans
„ se démancher ; la façon de les ai-
„ guiser est de les passer sur une
„ pierre fine à aiguiser, en les tour-
„ nant sans cesse entre les doigts
„ pour les arrondir parfaitement.
„ On sent aisément que l'on est le
„ maître de leur rendre la pointe
„ plus ou moins épaisse, suivant
„ l'usage qu'on en veut faire. On
„ appelle du nom de pointe en gé-
„ néral toutes ces sortes d'outils ;
„ mais le nom d'échopes distingue
„ celles des pointes dont on a applati
„ un des côtés, ensorte que l'extré-
„ mité n'est pas parfaitement ronde,
„ mais qu'il s'y trouve une espèce de
„ biseau. Avant de parler de la ma-
„ nière de se servir des pointes & des
„ échopes, je vais prescrire quel-
„ ques observations nécessaires pour
„ conserver le vernis.

„ L'on doit tenir la planche ver-
„ nie enfermée dans un tiroir, lorſ-
„ qu'on ne grave pas, ou bien en-
„ veloppée dans un linge fin ou dans
„ une peau fine; il faut même, lorſ-
„ qu'en gravant on appuie la main
„ ſur le vernis, le faire avec pré-
„ caution. Au reſte, il y a des moyens
„ de réparer les petits accidens qui
„ peuvent y être arrivés. Venons à
„ la manière de travailler avec les
„ pointes ſur le vernis: il eſt néceſ-
„ ſaire, premièrement, que l'Ar-
„ tiſte choiſiſſe une place convena-
„ ble pour y placer la table ſur la-
„ quelle il doit graver. Cette place
„ eſt l'embraſure d'une croiſée qui
„ ait un beau jour, & qui, s'il ſe
„ peut, ne ſoit pas expoſée au plein
„ midi, car le trop de jour pourroit
„ être auſſi nuiſible à la vue du Gra-
„ veur que l'obſcurité. Pour modé-
„ rer ce jour, il ſuſpendra entre la
„ fenêtre & lui, un chaſſis garni de
„ papier huilé ou vernis. Il ſe ſer-

„ vira aussi, pour plus de commo-
„ dité, d'un pupitre, dans lequel il
„ enfermera la planche pour la met-
„ tre à l'abri de tout accident, lors-
„ qu'il n'y travaillera pas. Il y a eu
„ des Graveurs qui se sont servi
„ d'un chevalet de Peintre, & qui à
„ l'aide de l'appuie-main, ont exé-
„ cuté leur ouvrage de la même
„ façon qu'on peint un tableau :
„ cette pratique est je crois infini-
„ ment moins préjudiciable à la san-
„ té que l'attitude courbée qu'on a
„ ordinairement en gravant; mais
„ il est difficile de s'y faire & d'y
„ accoutumer la main, c'est à l'Ar-
„ tiste à éprouver & à choisir, & je
„ crois nécessaire de recommander
„ aux Artistes d'essayer toujours
„ avec soin & réflexion, tout ce
„ qui a été pratiqué avant eux, c'est
„ le moyen d'étendre un Art, & de
„ reconnoître soi-même des décou-
„ vertes neuves; d'ailleurs, telle
„ pratique convient au caractère „

» au tempérament, au génie & au
» goût d'un Artiste, qui en peut
» tirer un parti que nul n'a pu tirer
» avant lui ».

Je conseillerois cette manière pour le genre de gravure dont je vais parler, d'autant qu'on ne se sert guère que du pinceau, sur-tout dans la seconde opération ; on éviteroit l'usage d'une autre espèce de chevalet, qu'on ne peut se dispenser d'avoir, si l'on travaille à plat sur une table ; les Peintres qui voudront s'en occuper, y trouveront plus de facilité : il ne me reste qu'à vous rapporter la façon de se servir de la pointe ; c'est encore du même Auteur.

« Venons à l'opération de graver,
» c'est en quelque façon dessiner &
» peindre ; ainsi, plus le Graveur
» sera instruit des principes théori-
» ques de la Peinture & de la prati-
» que de cet Art, plus il lui sera fa-
» cile d'en faire une juste applica-

» tion ; il faut au moins indispensa-
» blement que le Graveur sache bien
» dessiner, & qu'il s'entretienne tou-
» jours dans l'habitude du dessein au
» crayon, d'après la bosse & d'après
» la nature. Ces conditions suppo-
» sées, le Graveur ayant calqué,
» comme je l'ai dit, sur sa planche
» le dessein qu'il veut exécuter, il se
» servira de ses pointes pour en ren-
» dre l'effet, avec cette attention
» de se servir des plus fines dans les
» plans éloignés, & des pointes les
» plus fortes pour les premiers
» plans ».

Ceux qui auront besoin d'en savoir davantage, ne pourront mieux faire que de recourir à cet article du Dictionnaire. Mais pour le genre que je donne, où on ne doit se servir de la pointe que pour faire le trait, j'ai cru devoir supprimer tout ce qui est étranger à notre sujet. Je n'ai donc rapporté que ce qu'on ne pouvoit se dispenser de savoir. Je n'ai pas eu d'autres secours pour me mettre au fait ; en conséquence je présume qu'un autre ne se trouvera pas plus embarrassé que je ne l'ai été : trois ou quatre pointes de différentes grosseurs suffiront ; mais il est très-essentiel qu'elles soient bien rondes & bien brunies par la pointe, pour ne pas entamer le cuivre & ne pas se porter plus d'un côté que de l'autre ; on s'en servira comme d'un crayon, seulement pour détacher & enlever le vernis, le plus nettement qu'il sera possible ; en observant les plans, on se servira d'une pointe plus grosse dans les parties larges qui sont du côté de l'ombre, &c. Votre trait fait, il faut le faire entamer par l'eau-forte ; je me sers de ce terme pour signifier qu'il ne doit être que légèrement mordu, il suffira qu'on puisse le distinguer au travers du vernis qu'on y met ensuite, dont je donnerai la préparation sous le nom de *vernis clair*. Pour cet effet, il faut avoir fait mordre son trait ; mais avant, commencez par examiner votre planche, pour voir si, par accident, le vernis n'a pas été rayé ou entamé dans quelque partie, dans ce cas vous le couvrirez avec du vernis de Venise, mêlé de noir de fumée. Si la partie entamée se trouve sous un endroit où la pointe doit passer, il faut attendre qu'il soit bien sec pour le découvrir après, conformément aux contours du dessein ; autrement si le vernis étoit encore gras, en vain vous y passeriez la la pointe, le gras s'y étendroit & empêcheroit l'effet de l'eau-forte dans cette partie.

Votre planche en cet état, doit recevoir l'eau-forte. Pour cet effet, il est à propos de la border de cire, de manière qu'étant à plat, elle puisse la retenir, sans répandre : la cire dont on se sert est faite avec une partie de suif & de deux parties de cire jaune fondues ensemble, dans laquelle on introduit une couleur en poudre à volonté (si l'on juge à propos); cette composition est pour l'Hiver : dans celle d'Eté il y entre moins de suif ; ainsi, soit de l'une ou de l'autre, il faut premièrement en faire un long rouleau, que l'on applatit comme un ruban, en le maniant avec les doigts, qu'il faut mouiller de tems en tems, de crainte que la cire ne s'y attache ; dans cet état on l'applique à la planche, premièrement par un bout, du côté d'une largeur ; on se sert pour cet effet du bout du manche d'une pointe, qui se termine en arrondissant. On l'appuie sur une partie de la largeur du ruban contre la planche, du côté qui doit contenir l'eau-forte ; on l'environne ainsi jusqu'à ce qu'on soit revenu au bout précédemment posé ; on y ménage un petit conduit ou goulot, pour rejetter l'eau-forte (quand elle a fait son effet) : cela ne suffit pas, il est encore nécessaire d'y revenir pour que toutes les parties environnantes soient bien écrasées, avec le manche de la pointe sur le vernis, de façon qu'il n'y ait aucun jour, autrement l'eau forte n'y resteroit pas ; alors relevez en les bords de la hauteur de trois ou quatre lignes tout autour : votre planche de niveau sur une table, coulez votre eau-forte, mais qu'elle couvre au moins toutes les parties sur lesquelles elle doit faire ses effets ; quand elles seront au degré convenable, retirez-la en inclinant la planche du côté du goulot réservé pour la conduire dans le vase qui doit la recevoir ; lavez votre planche de plusieurs eaux afin d'enlever tout l'acide qui y reste, ensuite, étant séchée, il faut ôter le vernis en y étendant de l'huile d'olive, laquelle, chauffée sur la planche, le dissout ; on l'essuie ; après il faut la dégraisser comme il a été dit. Vous n'avez encore que le trait de votre dessein de commencé ; car, comme j'ai dit, il ne doit pas être trop marqué. Les opérations qui suivront, termineront le reste ; il faut procéder par les demi-teintes les plus légères ; cet ouvrage peut se faire sans autre préparation sur le cuivre, à nud.

Première opération

Pour faire les teintes les plus foibles.

On commence par les plus légères, que l'on couvre ensuite quand elles sont au teint convenable, en laissant à découvert celles qui dominent : les dernières augmentent par gradation, à proportion du tems que l'eau-forte y a séjourné. Pour cet effet, couvrez à nud la bordure & tous les endroits qui doivent rester blancs sur votre planche; servez-vous de vernis de Venise, mêlé de noir de fumée ; suivez exactement les contours des endroits qui doivent être réservés; mettez-en une épaisseur égale & suffisante pour les garantir du travail de l'eau-forte, ensuite bordez votre planche de cire; & étant de niveau sur une table, coulez-y environ la hauteur d'une ligne d'esprit de nitre affoibli avec de l'eau; elle fera également son effet sur tout le cuivre qui reste à nud, sans aucune action sur toutes les parties couvertes de vernis noir (*a*); laissez-la environ une minute. Je ne peux pas au juste apprécier le tems, parce que cela dépend de la température de l'air, du degré de force, soit de votre dissolvant (*b*), soit de la teinte; l'œil & le jugement vous guideront. Si vous voulez parvenir à une teinte qui domine cette première; retirez votre eau-forte; lavez la planche avec de l'eau pour enlever l'acide; faites sécher; couvrez ensuite, avec le pinceau & le même vernis noir, les teintes qui

(*a*) C'est le vernis de Venise, mêlé de noir de fumée.
(*b*) L'eau-forte est un dissolvant.

doivent rester à ce degré, ménageant leurs largeurs & contours, conformément au dessein; ensuite coulez l'eau-forte cette seconde fois avec les mêmes précautions; quand vous ne la laisseriez qu'une demi-minute, cette dernière dominera sur la première, parce que l'eau-forte y a séjourné plus long-tems.

Remarque.

Vous ne pouvez par ce moyen faire que deux ou trois tours très-foibles; vous feriez manger toute votre planche, sans pouvoir obtenir une teinte supérieure; il étoit donc nécessaire de recourir à un autre moyen pour donner plus de force aux suivantes, pour y parvenir, votre planche étant lavée & séchée, il faut en enlever le vernis noir, qui servoit à couvrir les blancs & les teintes légères. L'essence de thérébentine fait cet effet: essuyez & dégraissez comme vous avez fait, &c.

Dans cet état elle se trouve par-tout couverte d'un grain mat & égal, qui se détache très-bien des places défendues par le vernis ; on y distingue aussi les teintes les plus légères, où le dissolvant a séjourné moins de tems ; elle est en état de recevoir le vernis clair, dont nous allons parler. Pour cet effet, tenez tout prêt, sur les cendres chaudes dans un vaisseau de terre non vernissé, du sel marin purifié, décrepité & pulvérisé, comme un sable. Voyez ci-après la manière de le faire.

Pour employer le vernis clair, voyez-en la composition à la fin de ce Traité.

Vernis clair.

Vernissez votre planche cette seconde fois avec le vernis ci-dessus mentionné, en lui donnant la chaleur suffisante pour l'étendre également par-tout ; servez-vous d'un autre

autre tampon réservé pour ce vernis ; procédez de même que la première fois, avec la seule différence, qu'il en faut mettre un peu plus épais, & ménager avec plus de précaution le degré de chaleur dont on a besoin pour l'opération qui suit.

Mettez dans un tamis moyen le sel que vous conserviez chaudement ; augmentez alors la chaleur de votre planche jusqu'à ce que le vernis devienne limpide comme une huile ; enlevez-la du réchaud ou fourneau (sur lequel elle devoit être, avec un petit étau à main bien serré, en la tenant horisontalement au-dessus d'un grand papier, pour ne rien perdre) ; profitez du moment pour y répandre le sel qui sortira du tamis également ; promenez-le au-dessus jusqu'à ce qu'elle en soit couverte ; frappez dessous avec une clef, pour aider à descendre jusqu'au nud du cuivre, ce qui arrive en conservant son vernis au même degré

C

de fluidité, c'est pourquoi il faut être prompt ; l'égalité du grain & la beauté de l'ouvrage dépend de cette opération ; après qu'elle est faite on incline sa planche au-dessus du papier, en frappant un peu avec la même clef pour y recevoir l'excédent du sel, qui peut servir une autre fois ; faites ensuite recuire légèrement votre vernis, je dis légèrement, parce qu'autrement il perdroit sa transparence, d'autant plus nécessaire qu'on doit, au travers, y reconnoître non-seulement le plus foible trait, mais aussi les légères teintes précédentes.

Pour enlever le sel incorporé avec le vernis.

Il faut avoir une caisse de bois poissée, ou par préférence, de plomb laminé, relevée par les bords, de façon à contenir sept à huit lignes d'eau, de grandeur suffisante : elle doit être posée de niveau à plat sur

au Pinceau.

une table; plongez-y votre planche encore chaude, de sorte qu'elle soit couverte d'eau, le sel s'y fond & laisse le vernis poreux comme un jonc; rechangez d'eau jusqu'à ce que tout le sel soit enlevé; vous ferez sécher ensuite votre planche à l'air & non au feu: avant cette opération, l'eau-forte auroit couvert la planche enduite seulement de vernis, sans aucun effet; mais les petits pores pratiqués par le sel, sont autant de passages dans lesquels ce dissolvant s'insinue & pénètre à proportion du tems qu'il y reste; ainsi il faut donc avant couvrir les parties qu'on veut garantir.

Pour faire les autres teintes par gradation.

Pour cet effet, il faut un chevalet de bois, comme ceux dont les peintres en émail font usage; il doit être de grandeur suffisante pour passer par dessus votre planche, large

C ij

de quatre à cinq pouces, plus ou moins, de quatre à cinq lignes de hauteur, compris ses deux pieds qui sont aux deux extrémités (pour ne point écraser la bordure en cire qu'on doit mettre à la planche, laquelle reste jusqu'à la fin de l'ouvrage). Ce chevalet est plat; en posant par ses deux extrémités sur la table, il laisse la planche, qui est dessous, en toute liberté; il sert d'appui-main, & garantit le vernis, qui ne doit être froissé ni écrasé, au moyen de quoi vous procédez en toute sûreté, commençant par couvrir avec le pinceau & le vernis de Venise, mêlé de noir, la bordure, les blancs & les demi-teintes, qui doivent être préservés de l'action de l'eau forte (*a*) qu'on y met ensuite pour fortifier celles qui

―――――――

(*a*) Celle-ci est l'eau-forte faite au vinaigre, dont la composition est à la fin; on ne se sert d'esprit de nitre affoibli, comme j'ai dit, que pour les premières teintes à nud.

leur succèdent, avec la même attention, pour les formes & contours que le sujet exige, sur-tout pour le feuiller des arbres & autres parties qui demandent du détail, laissant à découvert celles qui doivent dominer, pour, après l'effet de l'eau-forte, recourir jusqu'à la plus forte & dernière teinte ; sur la fin il faut encore plus d'attention pour bien détacher les sujets qui demandent du détail, en observant les plans. Ceux qui approchent ne doivent être couverts par gradation que les derniers ; la transparence de votre vernis vous en facilite les moyens, sur-tout si vous travaillez sous un châssis de papier huilé.

Etudiez bien l'effet de l'eau-forte, comme je l'ai dit ; je ne peux donner de règle : la variété des saisons, l'heure du jour, le degré de l'eau-forte & de la teinte, sont des causes suffisantes pour en prouver l'impossibilité ; l'usage seul surmontera cette difficulté : en attendant, pour être plus sûr, on fait mordre ensemble le même dissolvant sur des morceaux de pareil cuivre, également vernis & tamisés avec le sel; on les découvre dans quelque partie pour voir le degré de la teinte. Quand elle est bien, on est certain que la planche est au même ton, & on retire le dissolvant, pour après l'avoir lavé, continuer successivement à couvrir & à faire mordre, & il y a des teintes auxquelles il faut moins de cinq minutes, d'autres trente, d'autres une heure, quelquefois davantage, suivant le ton. Ainsi, celles où il faut plus de tems, sont toujours couvertes les dernières, comme les plus foncées; les autres plus foibles, ne le sont que quand on termine celle-ci, à la réserve de celle qui domine qu'on laisse à découvert pour lui donner les dernières touches avec la dissolution d'argent, dont il sera parlé, ou bien avec la pointe ; mais l'effet de celle-ci est plus dur.

au Pinceau.

Votre ouvrage fini, enlevez le vernis, soit avec l'huile d'olive ou essence de thérébentine, même avec le savon gras, à cause de la différence des compositions; mais tâchez de ne rien rayer: la planche bien nette, faites-en tirer des épreuves.

Observations nécessaires sur le précédent travail.

L'eau-forte seule ne pouvant faire que deux ou trois teintes très-foibles, il a fallu, pour donner plus de force aux teintes suivantes, recourir à un autre moyen : de tous ceux que j'ai essayés, je n'ai trouvé rien de mieux que de séparer la continuité & liaison du vernis par le sel marin, que j'ai préféré, parce qu'il se dissout plus vîte, plus aisément, & avec moins d'eau qu'aucun autre, & qu'il donne en le pulvérisant un grain qui approche plus de la forme ronde (*a*):

(*a*) Les cryſtaux de sel marin sont cubiques;

pour tenir lieu du sel marin on peut se servir d'os de mouton calciné, ou d'os de seche, l'un ou l'autre pulvérisé ; je n'en conseille cependant pas l'usage. La poudre des os de mouton, plus pesante que celle de la seche, n'a pas assez de poids pour pénétrer jusqu'au nud du cuivre ; d'ailleurs c'est une terre alkaline qui se dissout promptement par les acides, laquelle en diminuant la force du dissolvant, laisse toujours une crasse boueuse dans les petites loges qu'il s'est formées, au lieu que notre sel marin bien purifié, laisse nettes les petites cellules qu'il s'étoit faites, dont le dissolvant s'empare en ménageant les parties qui l'entourent, défendues par le vernis; ainsi il for-

---

mais après avoir été décrepité, ses petits angles s'émoussent en roulant dans le tamis: le sucre feroit un plus beau grain s'il n'étoit contraire au vernis, ainsi que je l'ai éprouvé: si l'on se servoit d'un beau sel gemme, on éviteroit la peine de faire la dissolution, la filtration & l'évaporation, nécessaires au sel marin.

meroit autant de petits trous fur toute la furface de la planche, fi avant de s'en fervir on n'avoit pas couvert avec le vernis noir, tous les endroits qui doivent être réfervés.

Le diffolvant, autrement dit l'eau-forte, doit être foible; trop acide, il pourroit à la longue manger le vernis qui environne tous les petits trous que le fel a formés, il vaut mieux le laiffer féjourner plus longtems, le grain en fera plus égal, & le vernis défendant les parties qui l'entourent, donnera la facilité à l'eau-forte d'y pénétrer autant que vous jugerez à propos ; au moyen de quoi vous pourrez parvenir au noir le plus foncé, fi vous en avez befoin. La planche faite ainfi réfiftera beaucoup plus fous la preffe, & vous en tirerez un plus grand nombre d'épreuves : quand vous couvrirez par continuation d'une teinte à l'autre, il eft quelquefois à propos de repaffer fur le vernis précédemment mis, sur-tout si vous découvrez quelques bouillons ou intervalles.

Ce travail semble exiger plus de tems que je n'ai annoncé ; mais quand on a ses matériaux tout prêts, & qu'on entreprend deux morceaux à la fois, pour couvrir l'un pendant qu'on fait mordre l'autre, il ne faut que du soin : si l'on n'est uniquement occupé que de son ouvrage, on est agréablement surpris de la promptitude avec laquelle on opère ; le reste dépend du goût & du talent de l'Artiste.

Vernis de Venise.

Il est composé d'essence de thérébentine & de thérébentine de Venise ; mais on en achete de tout fait qui se vend, sous ce nom, chez les Marchands de couleurs : il faut en avoir dans une petite bouteille fermée d'un bouchon, au travers duquel on fait passer la plume ou tuyau du pinceau dont on fait usage, de façon que le poil soit en dedans suspendu au-dessus de la liqueur, ce qui le conserve toujours frais & en état : pour s'en servir, on le sort de la bouteille & on y met l'hante ; il suffit d'y mêler le noir de fumée avec le bout du pinceau, sans le broyer, car il sèche vîte. Ce mélange de noir, non-seulement distingue ce vernis d'avec celui qui est dessous, mais aussi par sa qualité terreuse & spongieuse, il absorbe & retient sa trop grande fluidité, qui, sans cet intermède, s'étendroit au-delà de l'endroit où vous le mettriez ; comme il sèche vîte, on profite du moment favorable pour en faire usage, car il ne faut pas l'employer trop clair, mais plutôt épais, par ce moyen il se fixe juste où il est posé, sans s'étendre : les parties couvertes ainsi, sont mieux défendues de l'action de l'eau-forte, ce que l'expérience vous apprendra.

SECONDE OPÉRATION,

Par laquelle on peut varier, arrondir les teintes ou les noyer imperceptiblement les unes dans les autres.

L'ouvrage fait par la manière indiquée ci-dessus, ne convient que dans le cas où l'on a intention d'imiter un dessein d'un bon maître, soit au lavis ou croqué avec l'estompe & le crayon ; mais si vous voulez faire un ouvrage fini, comme la copie d'un tableau, en fortifiant & graduant vos teintes jusqu'à ce qu'elles fassent parfaitement ce qu'on appelle l'effet ; vous pourrez y parvenir au point d'imiter les plus beaux morceaux de gravure (*a*), si vous étudiez bien, & exécutez avec intelligence, les moyens que je

---

(*a*) On croira que je hazarde beaucoup, mais je ne dis que ce qu'auroit dit celui qui le premier a fait usage du burin, s'il avoit prévu la perfection où on est parvenu depuis.

vais vous donner; mais je vous préviens que c'eſt un genre de travail dans lequel vous ne vous perfectionnerez que par l'uſage, & qui vous coûtera un peu plus de tems que pour la précédente manière, mais beaucoup moins que pour la gravure ordinaire à la pointe.

Pour cet effet, après votre trait fait légèrement, comme j'ai dit, vos blancs couverts du vernis de Veniſe mêlé de noir, faites mordre à nud les teintes les plus foibles, en vous ſervant d'eſprit de nitre affoibli, comme dans la première opération ; ſi, cette opération faite, il s'y rencontre quelques vapeurs imperceptibles, ſervez-vous, pour les imiter, du fluide de la compoſition, dont je vais parler ſous le nom de mordant (parce que ce fluide fait un effet moins ſenſible que ſa partie épaiſſe (*a*) ; on le met par-

---

(*a*) Ce fluide eſt un ſuperflu qui ne provient que de l'humidité de l'air, que cette compoſition attire.

dessus avec un pinceau, observant de ne le poser que dans le plus fort de la teinte, pour laisser étendre insensiblement la liqueur; par ce moyen on imite parfaitement les objets qui doivent être insensiblement noyés les uns dans les autres, comme la fumée des nuages, &c.

Cette mixtion que j'ai nommée mordant, à cause de son effet, (voyez-en la composition à la fin de ce Livre), broyée avec du sirop de vieux miel, s'emploie dans sa partie épaisse comme couleur, coule facilement sous le pinceau, & corrode plus profondément l'ouvrage déjà commencé par l'eau-forte, suivant son degré d'épaisseur; on juge de son effet par la teinte qu'elle prend, qui augmente à proportion: votre première teinte faite au degré convenable, on couvre, comme dit est, avec le vernis de Venise, mêlé de noir, on repasse du même vernis sur les blancs qui avoient été couverts, pour peu qu'on ait lieu de craindre l'effet de l'eau-forte qu'on doit y remettre.

Pour travailler la seconde teinte, à laquelle on procède avec le même soin & la même attention, observant toujours, soit que l'on couvre de vernis, soit qu'on emploie le mordant, de ménager avec goût les contours & les formes du dessein, on peut l'employer cette seconde fois plus épais, mais avec netteté; si l'on ne fait ainsi que deux teintes (je dis deux, parce qu'il est difficile d'en ménager trois, & impossible de passer à la quatrième : l'eau-forte à nud continueroit de mordre, mais ne laisseroit pas un grain plus fort, comme j'ai dit), on lave sa planche, on enlève le vernis & le mordant par les moyens indiqués, ce dernier avec de l'eau pure & la brosse; ensuite on la dégraisse pour y étendre le vernis clair dont j'ai parlé dans la première opération;

exécutez exactement ce que je vous ai prescrit ; si votre sel a été répandu bien également sur la planche dans le moment de la plus grande limpidité du vernis, l'opération sera bien faite ; faites dissoudre le sel, comme j'ai dit, laissez sécher & couvrez tout ce qui doit être réservé avec le même vernis noir ; bordez de cire la planche & coulez l'eau-forte ; laissez-la un tems suffisant pour creuser au degré convenable à la teinte ; ensuite retirez le dissolvant ; lavez, pelez & coupez en deux une gousse d'ail que vous passerez légèrement sur la superficie, & laissez sécher : alors servez-vous du pinceau & employez le mordant dans les endroits où il faut arrondir ou fortifier, & quand il est parfaitement sec, il a fait son effet : on doit le couvrir de vernis noir, ainsi que tout ce qui doit rester au-dessous de ce ton, pour continuer de même aux teintes suivantes d'un plan à l'autre, laissant à découvert les parties qui exigent la plus forte teinte, jusqu'à ce qu'elles soit parvenues au ton convenable ; mais si le mordant ne prenoit pas sur le vernis, ayez attention, soit avec le vernis, soit avec le mordant, de suivre nettement toutes les formes & contours du dessein : si après s'être servi du mordant on sent la nécessité de fortifier encore davantage, on met par-dessus, avec un pinceau, de l'esprit de nitre ou de l'esprit de vénus ; j'ai toujours préféré ce dernier, parce que le pinceau s'y conserve & soutient mieux. Mais n'employez l'une ou l'autre de ces liqueurs qu'après que le mordant a fait son effet ; ce qui se reconnoît, non seulement par sa teinte, mais aussi parce qu'il est sec : il n'en faut mettre à-la-fois que la quantité suffisante pour l'humecter, il vaut mieux y revenir. On peut avec le mordant épais, faire un trait aussi délié qu'on juge à propos, il se distinguera & détachera très-net, si vous l'avez bien employé ; on peut même y revenir avec l'une ou l'autre des liqueurs dont je viens de parler, pour lui donner plus de force ; mais n'en mettez à-la-fois qu'une très-petite quantité.

A l'égard des arbres qui se trouvent assez près pour être détaillés, vous en imiterez mieux le feuiller que par la précédente manière, si vous avez réservé avec le vernis les masses de leurs teintes par l'effet de l'eau-forte, en commençant par la plus foible, vous pourrez sur celle-ci donner avec le mordant, les touches qui conviennent, comme un Peintre fait avec sa couleur ; si le ton qui en résultera vous paroît trop foible, vous y reviendrez avec l'un ou l'autre des acides liquides que vous avez mis aux autres teintes, mais avec précaution, pour ne pas noyer son ouvrage, quand il doit se détacher net ; ensuite on couvre pour fortifier la teinte qui domine avec l'eau-forte coulée à plat, comme vous avez déjà fait, par ce moyen continuant de teinte en teinte à couvrir, à faire mordre & à employer le mordant avec le pinceau par gradation, on termine son morceau; mais il est très essentiel de bien comprendre cet article, c'est pourquoi je me répète souvent. Quand vous aurez la main à l'œuvre, votre expérience éclaircira beaucoup mieux toute difficulté. Je ne parle pas des draperies ni des figures; on sent bien qu'ayant, avec le pinceau, la facilité de la touche, on peut donner telle forme qu'on juge à propos aux objets qu'on a intention d'imiter: les carnations peuvent être très-belles, puisqu'il est possible de fondre les teintes par gradation insensible jusqu'aux blancs.

La dissolution d'argent employée toute pure, travaille avec beaucoup plus d'action, & pénètre plus avant qu'aucun des acides liquides dont j'ai parlé, on peut s'en servir pour donner les dernières touches, qui tendent à l'effet; mais en corrodant le cuivre, elle dépose à mesure l'argent dont elle est rassasiée, qui bouche quelquefois les petits trous pratiqués par le sel, ce qui donne de la peine, car il faut dans ce cas recourir à l'éponge humide, si on veut conserver le grain égal. Voyez les notes.

Autres observations nécessaires sur le travail précédent.

J'ai préféré pour notre mordant le vieux sirop de miel, non-seulement à cause qu'il lie mieux la composition des sels employés comme couleur, mais aussi parce qu'il contient un acide puissant. J'avertis qu'il est sujet à manger le vernis sur lequel il est étendu, sur-tout quand sa quantité domine; c'est pourquoi je recommande d'en mettre le moins qu'il sera possible. Si vous pouviez avec autant de facilité vous servir d'eau-forte légèrement gommée pour broyer cette composition, il y auroit moins de danger pour le vernis; la gomme, à dire le vrai, diminue l'action du mordant; mais la viscosité du miel fait le même effet, ce que j'observe pour vous faire connoître qu'il est important d'en modérer la quantité.

Vous ne devez broyer du mordant qu'environ pour une demi-journée, sur-tout par un tems de pluie ou humide, parce qu'en attirant l'humidité de l'air, il s'affoiblit. Dans ce cas si on n'a pas besoin du fluide pour une teinte légère, comme j'ai dit ci-dessus, il faut en broyer d'autre. Dans les chaleurs de l'Eté, cette précaution n'est plus nécessaire. On doit concevoir qu'en réunissant les deux moyens dont je viens de parler, on peut travailler & couvrir environ deux & même trois teintes à-la-fois, avant de procéder aux suivantes. S'il s'y trouve un ton dominant, il doit être réservé pour être terminé avec ceux qui lui font égaux, autrement dit, qui en approchent; mais on ne doit couvrir de vernis le mordant employé au pinceau, qu'alors qu'on est très-assuré qu'il est bien sec, autrement il ne prendroit pas, ou il resteroit de petits jours, dans lesquels l'eau-forte que l'on coule ensuite entreroit, &c.

Votre ouvrage fini, nettoyez la planche avec du savon gras & de l'eau; frottez-la avec une petite brosse de poil pour enlever les parties les plus tenaces; quand elle sera nette, passez le tampon noirci (a);

(a) Ce tampon est un morceau de feutre roulé & lié comme un bout de tabac, coupé égal par un côté qu'on noircit, soit sur la pierre à aiguiser, soit avec du noir de fumée, mêlé d'huile, pour le passer sur la planche, qui reçoit le noir dans les parties creusées: la superficie essuyée, comme font les Imprimeurs, on juge de son effet par la force des teintes, qui est relative à la profondeur.

voyez sous le chassis ; comparez avec votre original ; si vous trouvez des teintes trop dures, adoucissez-les avec un brunissoir arrondi. On pourroit même, en cas de besoin, se servir (mais avec précaution) d'un bon grattoir courbé, pour ménager les teintes suivantes ; mais autant qu'il vous sera possible, évitez l'usage de ce dernier, je n'en parle que pour ceux qui commenceront, parce qu'ils ne pouvoient tout prévoir : l'usage ensuite les mettra au-dessus de ces petites ressources, les uns plutôt que les autres, à proportion du talent & de l'attention à bien juger de l'effet des corrosifs.

Pour détacher son sujet par demi-teintes sans commencer par le trait.

Quand on a fait quelques morceaux pour acquérir l'usage, on peut bien ne pas commencer par faire mordre son trait ; on détache son dessein par demi-teintes, pour donner sur la fin ce qu'on appelle touche d'esprit ; en effet, cette manière est la plus savante, & donne plus de grace à la composition, sur-tout pour ce genre de gravure ; mais il est à propos, avant toute chose, de dessiner sur votre planche à nud, après être calquée, avec une couleur que le blanc qu'on y met pour la dégraisser n'efface point, & qui ne soit pas non plus enlevée par le vernis qu'on doit y étendre : la dissolution d'argent, dont nous avons parlé, très-affoiblie avec de l'eau pure, fait cet effet, si elle est au degré convenable ; car trop forte elle enlève la partie du cuivre qu'elle touche, & le noir n'y reste pas, au lieu qu'étant affoiblie avec sept ou huit fois autant d'eau, elle noircit & reste sans creuser le cuivre ; on peut se servir d'une plume d'or fin, ou d'un morceau de bois de fusin effilé, ou bien d'un pinceau, dont le poil soit ferme ; si vous préférez ce dernier, ayez attention de le laver

dans

au Pinceau.

dans l'eau après vous en être servi, si vous voulez en faire usage une autre fois ; cette précaution est inévitable, sur-tout lorsqu'on se sert de cette dissolution pure : je ne parle pas d'une plume de verre, parce qu'elle est sujette à rayer, soit le cuivre, soit le vernis.

J'observe qu'en adoptant cette manière on ne peut pas commencer par les plus légères teintes sur le cuivre à nud, comme quand on a fait mordre son trait ; l'eau-forte enlèveroit ceux que vous y auriez dessinés avec la dissolution d'argent, qui ne fait que teindre en noir les parties où elle touche : pour en tenir lieu, servez-vous du vernis clair tamisé, avec un sel plus fin, ce sera celui qui a sorti du moyen tamis, comme inutile aux opérations précédentes ; on en sépare encore la plus légère poussière, comme j'ai dit, par un autre tamis extrêmement serré, ce qui reste sert à cette opération ; mais il faut ne mettre qu'une très légère couche de vernis, & en ménager la fluidité avec plus d'attention, lorsqu'on y répand le sel chaud avec un autre tamis proportionné à la grosseur du grain : pour opérer, commencez par dégraisser la planche, calquez votre dessein, & dessinez-le correctement avec la dissolution d'argent affoiblie, dont nous avons parlé, qui sera noir: laissez sécher, après passez du blanc à sec ; essuyez & étendez votre vernis le plus légèrement qu'il sera possible ; tamisez également avec l'attention ci-dessus recommandée ; procédez ensuite comme il a été dit. Faites toutes les teintes qui doivent être tendres sur ce même vernis, comme vous avez fait sur la planche à nud ; après avoir coulé l'eau-forte, servez-vous du mordant, & couvrez par gradation jusqu'à ce que vous soyez parvenu aux teintes dominantes, alors changez de vernis pour le tamiser avec le sel d'un grain plus gros ; du reste c'est le même travail

Notes Générales.

Pour terminer une planche par les moyens que j'ai indiqués, on peut la vernir jusqu'à trois fois ; mais avant, on ne peut se dispenser chaque fois de la dégraisser soigneusement avec le blanc, si l'on veut que l'eau-forte fasse bien & également son effet.

On doit quelquefois affoiblir son eau-forte, comme j'ai dit, sur-tout l'esprit de nitre employé sur le cuivre nud, pour faire les teintes les plus légères. Si vous procédez ensuite à la seconde, vous pourrez la rendre un peu plus acide, si la teinte domine beaucoup, car les effets de celle qui est foible sont de former un grain plus doux, plus serré & plus égal sur le cuivre à nud. Il n'en est pas de même sur le vernis tamisé, l'eau-forte ne travaille qu'à proportion de la distance & du petit diamètre des trous réservés par le sel : si elle est foible, elle n'attaque pas le vernis, & ses effets n'en sont pas moins sûrs en lui laissant un tems suffisant pour agir.

Quand vous vous servirez de votre sel pour tamiser sur le vernis, s'il étoit trop chaud, il brûleroit le tamis : dans les grandes chaleurs de l'Eté, vous pourrez vous dispenser de le chauffer, à moins qu'il ne fasse un tems humide.

Si l'humidité de l'air avoit lié les grains du sel les uns aux autres, comme cela peut arriver, sur-tout par un tems de pluie (si l'endroit où on le garde n'est pas sec), il faut nécessairement le chauffer, piler & tamiser, comme la première fois.

Ne chauffez pas devant le feu votre planche pour la faire sécher (si après avoir été vernie & tamisée le sel en a été enlevé par l'eau);

car la chaleur peut réunir tous les petits intervalles que le sel y avoit ménagés, néceſſaires à notre opération. Vous devez broyer le mordant ſur une glace avec une molette de cryſtal ; mais ne vous ſervez d'aucun inſtrument de fer pour le ramaſſer, il faut un petit couteau d'ivoire, qui y réſiſtera davantage. Quand vous vous en ſervirez, ſoit à nud, ſoit ſur le vernis tamiſé, ne l'employez liquide que pour les teintes qui doivent être accidentellement noyées les unes dans les autres ; on doit avoir la même attention pour le vernis noir : ſi vous l'employez liquide, non-ſeulement il garantira les endroits que vous vouliez ménager, mais encore les parties environnantes, où il s'étendra à proportion de ſa fluidité.

Quand vous emploierez le mordant épais, il ne fera ſes effets que conformément à la touche du pinceau, proportion gardée avec ſon épaisseur ; si vous êtes forcé d'y revenir, ne le faites qu'après qu'il est sec, soit avec l'esprit de nitre, ou l'esprit de vénus : n'en mettez que pour l'humecter seulement, & dirigez le coup de pinceau du côté de la plus forte teinte; en suivant sa direction vous pourrez y revenir; mais on ne le doit faire qu'après qu'il est parfaitement sec, comme je viens de dire. Ne vous servez d'une gousse d'ail pour frotter le vernis, que lorsque vous ne pourrez vous en dispenser, car elle ternit un peu sa transparence : mais si le mordant ne peut prendre, faites-le légèrement; c'est pourquoi j'ai recommandé de la mouiller, pour en modérer l'effet. Il faut ensuite laisser sécher.

Quand vous trouverez de grandes masses de lumières, tâchez de les terminer par le même travail; s'il s'y trouve de la variété, ayez recours au mordant, à moins que celles qui lui succèdent comme masses de lumière, ne soient d'une égalité à ne pouvoir rendre avec le pinceau.

Toute masse de lumière ayant pour opposition une masse d'ombre, vous la terminerez de même, après avoir couvert celles qui lui cèdent, lorsque l'eau-forte l'aura amenée à son ton.

Vous ne devez couler votre eau-forte qu'après vous être bien assuré des parties qui doivent être réservées, & aussi-tôt qu'elle aura fait son effet, vous ne pourrez vous dispenser de laver votre planche plusieurs fois, jusqu'à ce qu'il n'y reste plus d'acide, autrement il travailleroit sourdement dans les endroits qui doivent être ménagés; de plus, il empêcheroit la planche de sécher, & le vernis qu'on y mettroit après pour couvrir le travail précédent, ne prendroit qu'imparfaitement, en laissant des intervalles dans lesquels l'eau-forte qu'on y couleroit (à l'opération suivante) s'introduiroit contre votre attente.

L'eau-forte au vinaigre est faite pour le vernis tamisé : l'esprit de nitre affoibli ne se coule que sur le cuivre, à nud, dans les premières teintes.

Réservez votre dissolution d'argent pour l'employer pure dans les touches qui doivent terminer & donner l'effet à votre sujet; si vous avez un trait net à faire, ne chargez votre pinceau que de la quantité suffisante pour faire ce trait, quitte à y revenir quand il sera sec, mais avec précaution. Vous pourrez vous servir d'une petite éponge pour enlever l'argent qui se dépose sur la superficie, quand l'acide s'est emparé du cuivre : cette éponge doit avoir été humectée & bien pressée avant d'en faire usage, pour la laver ensuite dans de l'eau nette; on la presse encore pour y revenir, s'il est nécessaire; cette précaution n'est indispensable que dans le cas où il faudroit augmenter ou fortifier son effet par une autre touche, qu'on ne peut faire qu'après que la partie est bien séchée : on se noircit quelquefois un peu les doigts par cette opération, la dissolution d'argent ayant cette propriété : donnez-vous bien de garde de mettre votre pinceau sur les lèvres, ou sur quelques autres parties du visage, la tache noire qu'il y feroit, ne s'enlèveroit qu'avec la peau; il n'y a pas d'autres mauvais effets à craindre. La petite quantité qu'on en emploie, ne peut nuire au tempérament le plus délicat.

On peut mettre fondre dans cette dissolution de la gomme arabique, pour faire son trait plus net; mais elle affoiblit son effet.

Pour avoir de belles épreuves, ménager sa planche, & en tirer un plus grand nombre.

Extrait du Dictionnaire de l'Encyclopédie, *article* IMPRESSION. Si vous vous fervez de noir, évitez celui qui vient des lies brûlées; demandez le plus beau noir d'Allemagne bien broyé, avec peu d'huile forte: comme c'est l'Imprimeur qui est chargé de cette opération, vous ne pouvez trop lui recommander.

Si vous vous fervez de bistre, qu'il soit bien broyé & passé à l'eau pour en obtenir le plus léger; vous lui fournirez étant sec.

Vous devez avoir aussi un tampon neuf, que vous réservez pour cette couleur.

Quand l'Imprimeur mouillera son papier, que ce soit dans de l'eau d'alun; pour cet effet, on dissout de l'alun dans de l'eau bouillante; on trempe le papier dans cette eau quand elle eſt froide, comme ils font dans l'eau ordinaire; le noir s'attache mieux à ce papier.

On peut tirer des impreſſions aſſez belles ſans ces précautions; mais on ne doit rien négliger pour la perfection.

Je crois inutile d'en dire davantage, l'imagination des Artiſtes, aidée des moyens que j'indique, ſuppléra facilement au reſte; au ſurplus, je ne refuſerai pas un plus grand détail, s'il eſt néceſſaire, en attendant les autres découvertes que j'ai promiſes, où il y aura des opérations qui ne ſeront pas inutiles à cette méthode.

POUR FAIRE L'EAU-FORTE,

LES VERNIS ET MORDANS.

Vernis.

LA composition du vernis des Graveurs, qui se noircit à la fumée, pour faire le trait, se trouve au commencement de ce Livre. Je ne donne ici qu'une composition d'un autre vernis, qui a les mêmes qualités, quant à l'effet de l'eau-forte, mais qui est plus transparent, sous le nom de *vernis clair*.

Vernis clair pour recevoir le sel.

Fondez sur un feu modéré deux parties en poids de cire vierge, avec une partie de poix de Bourgogne, dans un petit pot de terre neuf & vernissé : les matières étant devenues liquides, jettez, en différentes fois, deux parties de colofanne en poudre, ensuite une demi-partie de spath, aussi en poudre, le tout étant fondu & mêlé avec une spatule ou un petit bâton, jettez la composition dans un vase plein d'eau tiède, en passant au travers d'un gros tamis de crin (si votre poix de Bourgogne n'est pas nette, ce qui est assez ordinaire); mais ne la coulez pas trop chaude, de crainte de brûler le tamis : vos mains propres & mouillées, pétrissez la composition, tant qu'elle pourra se manier par feuilles plattes, que vous réunirez ensemble en forme de boule ronde d'un pouce de diamètre, plus ou moins; il faut les envelopper d'un taffetas neuf & blanc, pour distinguer celui-ci de l'autre, qui doit être enveloppé d'un taffetas de couleur, ce qui les garantit de toute poussière, & ce taffetas sert de filtre, au travers duquel le vernis passe quand il est échauffé par la chaleur de la planche.

Vernis de Venise.

Il en a été question aux observations de la première opération, il n'est en usage que pour être employé avec le pinceau, pour garantir les endroits qu'on veut préserver de l'action de l'eau-forte.

Sel marin.

Manière de le purifier & décrépiter pour être tamisé sur le vernis.

Sur une quantité d'eau à volonté (*a*), mettez-y fondre du sel marin, tant qu'elle en pourra dissoudre, aidée par une légère chaleur, ensuite filtrez la liqueur au-travers d'un papier gris, mis dans un entonnoir de verre, dont on lui fait prendre la forme, en le pliant en cône : cet entonnoir doit entrer par son tuyau dans le goulot d'une bou-

---

(*a*) Par exemple, sur une pinte d'eau, une livre & demie de sel, car il en faut plus que moins.

teille auſſi de verre, bien propre, de grandeur ſuffiſante ; la filtration achevée, jettez le filtre & mettez votre eau ſalée dans une grande jatte de fayence brune émaillée en dedans, plutôt large que profonde ; faites bouillir dans le commencement, pour accélérer l'évaporation, mais ſur la fin, modérez le feu, ſur-tout lorſque le ſel ſe cryſtalliſe, autrement vous caſſeriez votre plat. Quand il ſera ſec, mettez-le dans un creuſet du double plus grand ; couvrez-le, & que le couvercle ſoit percé par en haut d'un petit trou ; mettez le creuſet rougir, environné de charbons, c'eſt ce qu'on appelle décrépiter, parce qu'effectivement il pétille & s'éclatte dans le creuſet ; quand il a fait ſon effet, on le jette encore chaud dans un mortier de fonte bien propre, qu'on a auſſi chauffé ; on le pile pour le tamiſer deux fois, premièrement avec un tamis moyen de ſoie, le même qui servira pour l'opération ci-devant dite sur le vernis; continuez à piler ce qui n'y pourra pas passer, jusqu'à ce que vous ayez achevé votre quantité; ensuite, comme votre sel se sera refroidi, il est à propos de le faire chauffer légèrement sur un plat de fayence, ou sur une moufle renversée, dont les Affineurs se servent, pour en retirer la poussière & les grains trop fins, en les faisant sortir par un tamis plus serré. Cette poussière surtout est nuisible, se soutenant sur la superficie du vernis, elle empêche les grains qui ont plus de poids de parvenir au fond du cuivre; mais en la supprimant, il reste un grain égal comme un sable, qu'il faut mettre dans un vase de verre, chauffé auparavant, que l'on bouche ensuite pour le conserver dans un lieu sec; une livre de ce sel dure long-tems: à l'égard de la poussière & des petits grains qui ont passé par le dernier tamis, il faut encore en extraire le plus léger en la faifant fortir par un autre tamis extrêmement ferré, ce qui reftera fera un grain égal, plus fin, & qui doit être également confervé pour s'en fervir à faire les teintes les plus foibles fur le vernis, ainfi qu'il a été dit à la fin de la feconde opération, le furplus de la pouffière peut entrer dans la compofition du mordant : chaque fois qu'on voudra fe fervir du fel tamifé, il faudra le faire chauffer comme ci-devant fur les cendres chaudes, modérer la chaleur, trop chaud il brûleroit le tamis ; il fuffira qu'on le voie couler comme un fable ; il paffera plus vite & plus également.

Manière de faire l'eau-forte.

Sur une pinte de très-fort vinaigre, deux onces & demie de fel armoniac purifié, deux onces & demie de fel marin auffi purifié, & une once de verd-de-gris fec, fans grape ni cuivre (a); toutes ces matières pulvérisées & mises dans un grand maraboux de fayence brune, contenant deux pintes au moins, le tout sur un feu modéré, le pot couvert, jusqu'à ce qu'on s'apperçoive que le bouillon s'élève; car il faut alors le découvrir & le retirer du feu, pour le bien remuer avec une spatule ou bâton; on le remet au feu encore deux fois; on le retire à chaque ébullition pour le remuer de même, à la troisième fois on le retire pour le couvrir, après l'avoir bien remué, & le laisser ensuite refroidir & éclaircir : deux jours après, on le transvase dans une bouteille de verre ou de grès bien bouchée, & on le garde pour l'usage ci-devant indiqué. Si elle étoit trop forte, on peut l'affoiblir avec du même vinaigre qui a entré dans sa composition.

(a) On peut substituer au verd-de-gris pareille quantité de couperose, qui colore moins.

J'avertis les Graveurs à la pointe qu'ils peuvent se servir aussi de cette eau-forte, à plat, dont ils auront plus de satisfaction que de l'esprit de nitre.

Mordant.

Broyez ensemble, à sec, deux parties de sel marin, deux parties de sel armoniac, & une partie de verd-de-gris, le tout bien mêlé, doit être gardé dans un petit pot de fayence pour l'usage : quand on veut s'en servir, on en prend la quantité qu'on peut en employer en un demi-jour, que l'on broye bien sur une glace avec du sirop de vieux miel, pour lier la composition; elle coule facilement sous le pinceau, & s'emploie comme une couleur. Cette composition attire l'humidité de l'air, c'est pourquoi il n'y faut mettre que le moins qu'il sera possible de sirop, ce sirop se trouve naturellement au fond des tonneaux de vieux miel, chez les Epiciers; un demi-poisson sert longtems: à défaut, on achète une livre de miel liquide, dont on se sert en attendant que le sirop se forme: je préfère le vieux, comme plus acide, quoique le miel, par sa qualité gluante, affoiblisse l'action des sels; mais il nous falloit un intermède qui, en liant les sels, en facilite l'emploi.

Dissolution d'argent.

Sur une petite quantité d'esprit de nitre, comme plein un verre à liqueur, faites dissoudre dans un matras, sur les cendres chaudes, de l'argent fin, tant qu'il en pourra dissoudre, aidé par la chaleur; survuidez votre dissolution dans une petite bouteille de verre bien bouchée; gardez le surplus de l'argent qui n'a pu se dissoudre, pour une autre fois. A l'égard de la dissolution, le lendemain vous trouverez au fond, des cryſtaux, qu'on nomme cryſtaux de lune, ce qui eſt une preuve qu'elle eſt bien raſſaſiée. Survuidez-en une plus petite quantité dans une autre bouteille proportionnée, qui vous ſervira de cornet pour y plonger, ſoit plume ou pinceau. Si vous l'employez ſur le cuivre à nud, ſur le champ, quoique blanche, elle y fait un trait noir; cette liqueur affoiblie avec ſept à huit fois ſa quantité d'eau pure, ſert à faire le trait dont j'ai parlé, & dans ſa pureté elle pénètre au travers du vernis tamiſé, & mange vigoureuſement le cuivre, &c.

Eſprit de vénus.

L'eſprit de venus ſe fait par la diſtillation du verd-de-gris ; il n'en faut qu'une très-petite quantité, qu'on peut prendre chez les Apoticaires.

F I N.

APPROBATION.

J'ai lu, par ordre de Monseigneur le Chancelier, le Manuscrit intitulé, *l'Art de graver au Pinceau, &c.* Les recherches qu'il contient, & le désintéressement avec lequel l'Auteur les communique au Public, sont dignes d'éloges, & l'Impression de cet Ouvrage ne peut qu'être utile. A Paris, ce 17 Mai 1773.

COCHIN.

PERMISSION.

LOUIS, PAR LA GRACE DE DIEU, ROI DE FRANCE ET DE NAVARRE: A nos amés & féaux Conseillers, les Gens tenans nos Cours de Parlement, Maîtres des Requêtes ordinaires de notre Hôtel, Conseils Supérieurs, Prevôt de Paris, Baillifs, Sénéchaux, leurs Lieutenans Civils, & autres nos Justiciers qu'il appartiendra: SALUT. Notre amé le sieur STAPART, Nous a fait exposer qu'il desireroit faire imprimer & donner au Public *l'Art de graver au Pinceau*, s'il Nous plaisoit lui accorder nos Lettres de Permission, pour ce nécessaires: A CES CAUSES, voulant favorablement traiter l'Exposant, Nous lui avons permis & permettons, par ces Présentes, de faire imprimer ledit Ouvrage autant de fois que bon lui semblera, & de le faire vendre & débiter par tout notre Royaume, pendant le tems de trois années confécutives, à compter du jour de la date des Préfentes. Faifons défenfes à tous Imprimeurs, Libraires & autres perfonnes, de quelque qualité & condition qu'elles foient, d'en introduire d'impreffion étrangère dans aucun lieu de notre obéiffance. A la charge que ces Préfentes feront enregiftrées tout au long fur le Regiftre de la Communauté des Imprimeurs & Libraires de Paris, dans trois mois de la date d'icelles; que l'impreffion dudit Ouvrage fera faite dans notre Royaume, & non ailleurs, en beau papier & beaux caracteres; que l'Impétrant fe conformera en tout aux Réglemens de la Librairie, & notamment à celui du 10 Avril 1725, à peine de déchéance de la préfente Permiffion; qu'avant de l'expofer en vente, le Manufcrit qui aura fervi de copie à l'impreffion dudit Ouvrage, fera remis, dans le même état où l'Approbation y aura été donnée, ès mains de notre très-cher & féal Chevalier, Chancelier, Garde des Sceaux de France, le fieur DE MAUPEOU; qu'il en fera enfuite remis deux Exemplaires dans notre Bibliothèque publique, un dans celle de notre Château du Louvre, & un dans celle dudit fieur DE MAUPEOU; le tout à peine de nullité des Préfentes: du contenu defquelles vous mandons & enjoignons de faire jouir ledit Expofant & fes ayans caufe pleinement & paifiblement, fans fouffrir qu'il leur foit fait aucun trouble ou empêchement. Voulons qu'à la copie des Préfentes, qui fera imprimée tout au long au commencement ou à la fin dudit Ouvrage, foi foit ajoutée comme à l'original. Commandons au premier notre Huiffier ou Sergent fur ce requis, de faire, pour l'exécution d'icelles, tous actes requis & nécessaires, sans demander autre permission, & nonobstant clameur de Haro, Charte Normande & Lettres à ce contraires: CAR tel est notre plaisir. DONNÉ à Compiègne le quatrième jour du mois d'Août, l'an mil sept cent soixante-treize, & de notre Règne le cinquante-huitieme. Par le Roi en son Conseil, LE B E G U E.

Regiſtré ſur le Regiſtre XIX. de la Chambre Royale & Syndicale des Libraires & Imprimeurs de Paris, N°. 2680, fol. 223, conformément au Réglement de 1723, qui fait défenſes, article 4, à toutes perſonnes, de quelque qualité & condition qu'elles ſoient, autres que les Libraires & Imprimeurs, de vendre, débiter, faire afficher aucuns Livres pour les vendre en leurs noms, ſoit qu'ils s'en diſent les Auteurs ou autrement; & à la charge de fournir à la ſuſdite Chambre huit exemplaires preſcrits par l'article 108 du même Réglement. A Paris, ce 11 Août 1773.

C. A. JOMBERT Pere, Syndic.

De l'Imprimerie de LE BRETON, premier Imprimeur ordinaire du ROI. 1773.